Charlotte Brontë, geboren am 21. April 1816 in Thornton, ist am 31. März 1855 in Haworth/Yorkshire gestorben.

Über die Liebe hat Charlotte Brontë begonnen nachzudenken, als sie zwölf Jahre alt war. Seit dieser Zeit, so schreibt sie an eine Freundin, habe sie sich mit dem Gedanken abgefunden, eine alte Jungfer zu werden. Mit vierzehn schreibt sie ihre erste Liebesgeschichte – sie spielt in »Angria«, dem Großreich der Phantasie, das sie sich mit ihren Geschwistern ersonnen hatte, und mit dreiundzwanzig siedelte sie dort ihre letzte »Novellette« an: »Caroline Vernon«, in der beschrieben wird, wie eine Sechzehnjährige mit Fleiß den eigenen Sündenfall betreibt.

In ihrem kurzen Leben war es Charlotte Brontë nicht vergönnt, den Mann zu bekommen, den sie begehrte, und doch sollte sie mit dem Mann, den sie in einer Art letzten Wahl schließlich nahm, ein kurzes und ruhiges Glück finden.

Ihre Briefe über die Liebe, an den Geliebten und die Geschichten ihres späten Glücks »von der nüchternsten Sorte« zeigen eine außergewöhnliche Persönlichkeit, die unter ihrem taubengrauen Gefieder ein stürmisches, verwundetes Herz verbarg.

insel taschenbuch 1249
Charlotte Brontë
Über die Liebe

Charlotte Brontë

CHARLOTTE BRONTË
ÜBER DIE LIEBE

Herausgegeben von
Elsemarie Maletzke
Übertragen von Eva Groepler
und Hans J. Schütz

Insel Verlag

insel taschenbuch 1249
Erste Auflage 1990
Insel Verlag Frankfurt am Main
© Frankfurter Verlagsanstalt, Frankfurt am Main 1988
Alle Rechte vorbehalten
Lizenzausgabe mit freundlicher Genehmigung der
Frankfurter Verlagsanstalt, Frankfurt am Main
Hinweise zu dieser Ausgabe am Schluß des Bandes
Vertrieb durch den Suhrkamp Taschenbuch Verlag
Umschlag nach Entwürfen von Willy Fleckhaus
Satz: LibroSatz, Kriftel
Druck: Nomos Verlagsgesellschaft, Baden-Baden
Printed in Germany

1 2 3 4 5 6 – 95 94 93 92 91 90

WENN EINE FRAU JEMALS
SO SEHR LIEBT, DASS EIN RAUHES
WORT ODER EIN KALTER BLICK
IHR INS HERZ SCHNEIDET,
IST SIE EINE NÄRRIN ❧ BRIEFE
AN HENRY NUSSEY,
ELLEN NUSSEY & GEORGE SMITH

AN REVEREND HENRY NUSSEY

Haworth, 5. März 1839

Mein teurer Herr,
ich hätte vielleicht vor Beantwortung Ihres Briefes eine lange Zeit über seinen Inhalt nachdenken können; da mir jedoch im selben Augenblick, da ich ihn empfing und durchlas, völlig klar war, wie ich mich verhalten würde, schien mir eine Verzögerung völlig fehl am Platz. Sie wissen, daß ich viele Gründe habe, Ihrer Familie gegenüber Dankbarkeit zu empfinden, daß ich besondere Gründe habe, mich zumindest zu einer Ihrer Schwestern hingezogen zu fühlen, und daß ich überdies Sie selbst in hohem Maße schätze – darum unterstellen Sie mir keine falschen Beweggründe, wenn ich Ihnen mitteile, daß meine Antwort auf Ihren Antrag ein *entschiedenes Nein* sein muß.

Ich bin sicher, daß ich, als ich zu dieser Entscheidung gelangte, mich mehr von den Geboten des Gewissens als von denen der Neigung leiten ließ. Ich habe keine persönliche Abneigung gegen die Vorstellung, mit Ihnen eine Verbindung einzugehen, doch bin ich der Überzeugung, daß meine Veranlagung nicht von der Art ist, die dazu bestimmt wäre, einen Mann wie Sie glücklich zu machen. Es ist immer meine Gewohnheit gewesen, die Charaktere jener Menschen, unter denen ich zufälligerweise lebe, zu studieren, und ich glaube den Ihren genau genug zu kennen, um mir vorstellen zu können, wie die Frau beschaffen sein müßte, die als Ihre Gattin geeignet wäre. Ihr Charakter sollte nicht zu ausgeprägt, feurig und selbständig sein, ihr Temperament milde, ihre Frömmigkeit ohne Makel, ihre Gemütsart ausgeglichen und fröhlich und ihre persönlichen Reize ausreichend, um Ihren Augen zu gefallen und Ihren gerechten Stolz zufriedenzustellen.

Was mich betrifft, so kennen Sie mich nicht; ich bin nicht das ernsthafte, strenge, leidenschaftslose Geschöpf, das Sie in mir sehen; Sie könnten mich für schwärmerisch und verschroben halten, Sie könnten sagen, ich sei sarkastisch und hart. Sei's drum, ich verachte Unaufrichtigkeit und werde niemals, nur um mich mit dem Glanz des Ehestandes zu schmücken und dem Makel einer alten Jungfer zu entgehen, einen würdigen Mann zum

Gatten nehmen, wenn mir bewußt ist, daß ich ihn nicht glücklich machen kann. Bevor ich schließe, lassen Sie mich Ihnen aus vollem Herzen für Ihren anderen Vorschlag danken, der die Schule in der Nähe von Donnington betrifft. Es ist sehr freundlich von Ihnen, so großes Interesse an mir zu nehmen; doch verhält es sich so, daß ich mich zur Zeit auf ein solches Unternehmen nicht einlassen kann, weil es mir an den Mitteln mangelt, die nötig wären, einen Erfolg zu gewährleisten. Ich höre mit Vergnügen, daß Sie sich so behaglich eingerichtet haben und daß Ihr Gesundheitszustand sich so sehr gebessert hat. Ich vertraue darauf, daß Gott sich weiterhin freundlich gegen Sie zeigen wird. Lassen Sie mich auch sagen, daß ich die Aufrichtigkeit Ihres Briefes, der ohne Schmeicheleien und Phrasen auskam, bewundere. Leben Sie wohl. Ich werde mich immer freuen, von Ihnen zu hören – als *Freund*. Glauben Sie dies Ihrer aufrichtigen

C. Brontë

4. August 1839

Meine liebste Ellen,
ich muß Dir von einem komischen Vorfall erzählen – bereite Dich auf ein herzhaftes Lachen vor! Kürzlich kam Mr. Hodgson herüber, Papas früherer Hilfspfarrer, jetzt Vikar, um uns zu besuchen, und er brachte seinen eigenen Hilfspfarrer mit. Dieser Gentleman, mit Namen Bryce, ist ein junger Geistlicher, frisch von der Dubliner Universität. Es war das erste Mal, daß einer von uns ihn sah, doch gleichwohl tat er bald so, wie es die Art seiner Landsleute ist, als wäre er bei uns zu Hause. In der Unterhaltung wurde sein Charakter rasch deutlich: witzig, lebhaft, feurig und auch nicht dumm, doch mangelte es ihm an der Gediegenheit und Besonnenheit eines Engländers. Du weißt, Ellen, daß ich daheim frisch von der Leber rede, und ich bin nie schüchtern, gehemmt oder mit jener elenden *mauvaise honte* belastet, die mich anderswo quält und einengt. Also plauderte ich mit diesem Iren und lachte

über seine Scherze, und obgleich ich Mängel in seinem Charakter erkannte, entschuldigte ich sie wegen des Vergnügens, das mir seine Urwüchsigkeit bereitete. Als der Abend fortschritt, wurde ich freilich ein wenig kühler und distanzierter, weil er sein Geplauder mit ein paar Schmeicheleien keltischer Art zu würzen begann, an denen ich weniger Gefallen fand. Gleichviel, sie machten sich aus dem Staub, und wir dachten nicht mehr an sie. Einige Tage später erhielt ich einen Brief, dessen Aufschrift mich verwirrte, da die Handschrift mir neu war. Offensichtlich stammte sie weder von Dir noch von Mary Taylor, meinen einzigen Briefpartnern. Kurzum, der Brief erwies sich als eine Liebeserklärung und als Heiratsantrag, vorgebracht in der feurigen Sprache des gewitzten jungen Iren. Alle Wetter, dachte ich, von Liebe auf den ersten Blick habe ich gehört, doch das übertrifft alles! Ich überlasse es Dir, zu raten, wie meine Antwort aussah, überzeugt, daß Du mir nicht das Unrecht antun wirst, falsch zu raten. Wenn wir uns sehen, werde ich Dir den Brief zeigen. Ich hoffe, Du lachst aus vollem Herzen. Das ist ein Abenteuer, das man mir kaum zutraut, sondern das eher mit denen von Martha Taylor zu verglei-

chen ist, nicht wahr? Ich bin gewiß dazu ver-
dammt, eine alte Jungfer zu sein. Das ist mir
gleich, denn mit diesem Schicksal habe ich
mich seit meinem zwölften Lebensjahr abgefunden. Schreibe bald.

C. Brontë

15. Mai 1840

Meine liebe Ellen,
ich las Deinen letzten Brief mit großem Interesse. Vielleicht ist es nicht immer gut, den Leuten zu sagen, daß wir ihre Handlungen billigen, und doch ist es sehr angenehm, es zu tun.

Für den Fall, daß Du falsch gehandelt hättest, wäre ich, wie ich hoffe, ehrlich genug gewesen, es Dir zu sagen, so daß ich nun, da Du recht gehandelt hast, mir selbst eine Freude machen und Dir schreiben will, was ich denke.

Wenn ich Dich zu meinem Beichtvater machte, könnte ich Schwächen enthüllen, die Du Dir nicht träumen läßt. Ich will damit nicht andeuten, daß ich leeren Komplimenten einen hohen Wert beimesse, aber ein Wort des Lobes bereitete mir oft ein Gefühl verlegener Freude, das zu verbergen es meiner stärksten Anstrengungen bedurfte – und andererseits hat eine schnelle Bemerkung, die ich als Mißachtung oder Mißbilligung auslegen konnte, mich so sehr gequält, daß ich wegen der nagenden Schmerzen die halbe Nacht nicht schlafen konnte.

Laß Dich niemals dazu überreden, einen Mann zu heiraten, den Du nicht achten kannst – ich sage nicht *lieben*, weil ich glaube, daß sich, wenn Du jemanden vor der Heirat geachtet hast, später zumindest mäßige Liebe einstellen wird; was heftige Leidenschaft betrifft, bin ich überzeugt, daß sie kein wünschenswertes Gefühl ist. Zum ersten wird sie selten oder nie ihren Lohn finden; und zweitens, wenn dies der Fall sein sollte, wird das Gefühl nicht dauerhaft sein: Es wird während der Flitterwochen andauern und dann Abscheu Platz machen oder Gleichgültigkeit, die vielleicht noch schlimmer ist als Abscheu. Auf seiten des Mannes wäre dies gewiß der Fall; und auf seiten der Frau – Gott steh ihr bei, sollte sie mit ihrer leidenschaftlichen Liebe allein gelassen werden.

Ich bin ziemlich fest davon überzeugt, daß ich niemals heiraten werde. Das sagt mir die Vernunft, und ich bin nicht so vollkommen Sklavin des Gefühls, um nicht zuweilen ihren Ruf zu vernehmen.

C. Brontë

20. November 1840

Meine liebste Nell,
in Deinem letzten Brief hast Du von so bedeutenden und wichtigen Dingen gesprochen, daß ich nicht zögern kann, ihn umgehend zu beantworten . . .

Ich hoffe, Du wirst nicht der romantischen Narretei verfallen, auf das zu warten, was die Franzosen »une grande passion« nennen. Mein liebes Mädchen, »une grande passion« ist »une grande folie«. Mittelmaß in allen Dingen ist Weisheit; Mittelmaß bei den Empfindungen ist höchste Weisheit. Sage ihr: ›Wenn du so alt bist wie ich (ich bin sechzig, ich bin deine Großmutter), wirst du feststellen, daß die Mehrheit jener irdischen Regeln, deren scheinbare Gefühlskälte uns in der Jugend erschreckt und abstößt, sich in Weisheit gründet.‹

Kein Mädchen sollte sich verlieben, bevor es wirklich einen Antrag erhalten hat. Diese Maxime ist wohlbegründet. Ich will sie sogar noch erweitern und bestärken: Keine junge Dame sollte sich verlieben, bevor der Antrag gemacht, angenommen, die Hochzeit vorüber und das erste halbe Jahr des Ehelebens vergangen ist. Dann kann eine Frau zu lieben beginnen, jedoch mit großer Vorsicht, sehr kühl, sehr bescheiden, sehr vernünftig. Wenn sie jemals so sehr liebt, daß ein rauhes Wort oder ein kalter Blick ihr ins Herz schneidet, ist sie eine Närrin. Wenn sie jemals so sehr liebt, daß der Wille ihres Gatten ihr zum Gesetz wird und sie die Gewohnheit annimmt, auf seine Blicke zu achten, damit sie seinen Wünschen zuvorkommen kann, wird sie bald eine vernachlässigte Närrin sein . . .

C. B.

15. September 1851

Die Leute sagen, es sei falsch, ohne Überlegung oder spontan zu schreiben, zu sprechen oder zu handeln – aber dieses eine Mal muß ich es tun. Ihr Brief von heute morgen offenbart Ihr ganzes Wesen – und ich muß hinzufügen – seinen besten Teil, weil er am eigenwilligsten ist und nicht im geringsten vom alltäglichen Denken und Fühlen jener Leute zeugt, die sich kaum jemals selbst in Frage stellen – oder denken, das, was *sie* getan haben, könne ein Irrtum sein: Doch wie sehr irren Sie sich! Welches Mißverständnis! Nein, Ihr Brief hat mich wirklich nicht verstimmt, wie könnte er? Und Sie sollten nicht an dem herumnörgeln, was mir gefällt – denn ich *mochte* Ihren Brief – Sie sollten mich nicht für eine derart kleingeistige, hartherzige Person halten, die an dem Anstoß nimmt, was herzlich, lebendig und voll erfrischenden Geistes ist ... doch ich war nicht wütend – *das* war ich nicht. Ich bin versucht, darüber ein wenig mehr zu sagen – einen kleinen erläuternden metaphysischen Diskurs, der einen Unterschied klarstellt. Sie erwähnen die Worte »Schnoddrigkeit und unverschämte Zügellosigkeit«. Erlauben Sie mir zu sagen, daß Sie es nicht nötig haben, sich mit solchen Worten zu belegen, weil (wie mir scheint) Ihr Wesen nichts mit jenen Eigenschaften zu tun hat, für die sie stehen – aber auch rein gar nichts. Ich kann nicht glauben, daß Sie, außer gegen Menschen, die ihrerseits über einige Unverschämtheit und Hartherzigkeit verfügen, anders als freundlich und rücksichtsvoll sein könnten. Currer Bell behandeln Sie immer so – und haben es immer getan, was einer der Hauptgründe dafür ist, daß er Freundschaft für Sie empfindet: Eine entgegengesetzte Verhaltensweise sollten Sie Leuten einer anderen Sorte überlassen – solchen wie Mr. Lewes, zum Beispiel.

Sie sind nicht so wie Mr. Lewes, nicht wahr? Wenn Sie nur eine Spur von Mr. Lewes in sich haben – werde ich meinem Instinkt nie wieder trauen – denn nach dem allerersten Brief, den er mir schickte, hatte ich ihn durchschaut – und hatte nie den Wunsch, wieder von ihm zu hören oder ihm zu schreiben. Sie kommen mir irgendwie ganz anders vor – *nicht* hart – *nicht* überheblich – *nicht* grob – *nicht* unglaubwürdig – Sie sind genau das Gegenteil . . . Schenken Sie meinen Stimmungen keine Beachtung. Ich lebe immer so weiter und gönne mir nur widerwillig das Manna eines gelegentlichen Briefes aus Cornhill und wünschte, ich hätte die Kraft, diesen Genuß abzuweisen, und verachte mich nicht wenig, weil ich diese Kraft nicht habe . . .

Ich hoffe, Ihre »kleinen Beschwerden« werden sich bald legen – der Abschnitt, in dem Sie davon sprechen, läßt einen an ein lebhaftes Pferd denken, das an der Kandare geht. Sie müssen Geduld haben – Sie dürfen nicht am Gebiß kauen und sich nicht aufbäumen. Leben Sie wohl. Ich wünschte, alles Böse, das Ihnen möglicherweise begegnen kann, entbehrte so sehr der Grundlage wie die Vorstellung, ich könne für jenen zu Unrecht bezichtigten Brief etwas anderes als Dankbarkeit empfunden haben.

C. B.

TAG UND NACHT FINDE ICH WEDER
RUHE NOCH FRIEDEN — IM SCHLAF
WERDE ICH VON QUÄLENDEN
TRÄUMEN HEIMGESUCHT, IN DENEN
ICH SIE ERBLICKE, IMMER
STRENG, IMMER DÜSTER, IMMER
ÜBER MICH ERZÜRNT ❧ BRIEFE
AN CONSTANTIN HEGER

24. Juli 1844

Monsieur,
ich weiß wohl, daß ich nicht an der Reihe
bin, Ihnen zu schreiben, aber da Madame
Wheelwright nach Brüssel reist und freundli-
cherweise bereit ist, einen Brief mitzunehmen,
meine ich, eine solch günstige Gelegenheit, Ihnen zu schreiben, nicht versäumen zu dürfen.

Ich bin sehr froh, daß das Schuljahr beinahe
beendet ist und die Ferienzeit näher rückt – ich
freue mich für Sie, Monsieur – denn mir wurde
erzählt, daß Sie zuviel arbeiten und Ihre Gesundheit demzufolge Schaden genommen hat.
Deshalb gestatte ich mir nicht die geringste
Klage über Ihr langes Schweigen – lieber
würde ich sechs Monate ohne Nachricht von
Ihnen bleiben, als der ohnehin schweren Last,
die Sie erdrückt, ein Gran hinzuzufügen. Ich
weiß sehr wohl, daß jetzt die Zeit der Klassen-
arbeiten ist, bald die Prüfungen folgen, später
die Preisverteilung sein wird – und während
dieser ganzen Zeit sind Sie dazu verurteilt, die

ausgetrocknete Luft der Schulzimmer einzuatmen, sich zu verausgaben – zu erklären, den ganzen Tag zu reden, und dann haben Sie abends noch diese leidigen Aufsätze, die Sie zu lesen, zu korrigieren, beinahe neu zu schreiben haben – ach, Monsieur!

Ich habe Ihnen einmal einen wenig vernünftigen Brief geschrieben, weil der Kummer mir das Herz abschnürte, aber das werde ich nicht mehr tun – ich werde mich bemühen, nicht mehr egoistisch zu sein, und Ihre Briefe, die mir die größte denkbare Freude sind, geduldig erwarten, bis es Ihnen gefallen und zusagen wird, mir welche zu senden.

Gleichzeitig darf ich Ihnen wohl von Zeit zu Zeit einen kleinen Brief schreiben – Sie haben es mir gestattet.

Ich fürchte sehr, mein Französisch zu verlernen, denn ich bin überzeugt, Sie eines Tages wiederzusehen – ich weiß weder wie noch wann – doch es muß sein, da ich es so sehr wünsche, und dann möchte ich nicht stumm vor Ihnen stehen. Es wäre zu traurig, Sie zu sehen und nicht mit Ihnen sprechen zu können – um ein solches Unglück zu vermeiden, lerne ich jeden Tag eine halbe Seite Französisch aus einem Lehrbuch für die Umgangssprache auswendig: Und es macht mir Freude, diese Lektion zu lernen – Monsieur – wenn ich die französischen Wörter ausspreche, meine ich, mit Ihnen zu reden.

Mir wurde jetzt eine Stelle als erste Lehrerin in einem großen Internat in Manchester angeboten, mit einem Gehalt von 100 Pfund, etwa 2500 Francs jährlich – ich kann sie jedoch nicht annehmen, denn das würde bedeuten, daß ich meinen Vater verlassen müßte, was unmöglich ist. Dennoch habe ich einen Plan (wenn man abgeschieden lebt, arbeitet der Kopf stets – man wünscht sich zu beschäftigen – man will sich in eine aktive Laufbahn stürzen).

Unser Pfarrhaus ist ein einigermaßen großes Haus – mit einigen Veränderungen würde es Platz für fünf bis sechs Mädchen bieten. Wenn ich diese Anzahl von Kindern aus guter Familie finden könnte, würde ich mich ihrer Erziehung widmen – Emily schätzt das Unterrichten nicht, aber sie würde sich um den Haushalt kümmern, und sie hat, obwohl sie etwas verschlossen ist, ein zu gutes Herz, um nicht ihr möglichstes zum Wohlergehen der Kinder zu tun – sie ist auch sehr großzügig: Und für die Ordnung, Sparsamkeit, Pünktlichkeit und den beständigen Eifer – alles sehr wesentliche

Dinge für ein Internat – will ich selber gerne sorgen.

Das ist mein Plan, Monsieur, den ich auch meinem Vater erklärt habe und den er für gut befindet. Es bleibt mir also nur noch, die Schüler zu finden – ein etwas schwieriges Unterfangen –, denn wir leben ziemlich weit von den Städten entfernt, und die Leute haben keine große Neigung, die Berge zu überqueren, die uns wie eine Barriere abschirmen. Aber eine Aufgabe, die ohne Schwierigkeiten ist, ist beinahe verdienstlos. Es ist lohnend, Hindernisse zu besiegen – ich behaupte nicht, daß ich Erfolg haben werde, doch ich werde mich um den Erfolg bemühen –, schon die Anstrengung wird mir bekommen – es gibt nichts, was ich so sehr fürchte wie die Faulheit – die Muße – die Trägheit – die Lethargie des Denkens –, wenn der Körper faul ist, leidet der Geist schmerzlich.

Ich wüßte nichts von Lethargie, wenn ich schreiben könnte – früher verbrachte ich ganze Tage, Wochen, Monate mit Schreiben und nicht ganz fruchtlos, denn Southey und Coleridge – zwei unserer besten Autoren, denen ich einige Manuskripte zugesandt hatte – waren so gut, mir ihre Zustimmung zu zeigen, doch jetzt ist mein Augenlicht zu schwach, als daß ich schreiben könnte. Wenn ich es täte, würde ich erblinden. Diese Sehschwäche ist für mich ein schreckliches Ungemach – gäbe es sie nicht, wissen Sie, was ich tun würde, Monsieur? Ich würde ein Buch schreiben und es meinem Literaturlehrer widmen – dem einzigen Lehrer, den ich jemals hatte –, Ihnen, Monsieur. Ich habe Ihnen oft auf französisch gesagt, wie sehr ich Sie achte – wieviel ich Ihrer Güte, Ihren Ratschlägen schulde, ich möchte es einmal auf englisch sagen. Doch ich kann es nicht, ich darf nicht daran denken – die literarische Karriere ist mir verschlossen – einzig die der Lehrerin steht mir offen. Sie bietet nicht dieselben Reize – gleichwohl werde ich sie verfolgen, und komme ich dort nicht voran, wird es nicht aus Mangel an Geschick sein. Auch Sie, Monsieur – Sie wollten Anwalt werden – das Schicksal oder die Vorsehung hat Sie zum Lehrer gemacht – Sie sind trotzdem glücklich.

Übermitteln Sie bitte Madame meine aufrichtige Hochachtung – ich fürchte, daß Maria – Louise – Claire mich schon vergessen haben. Prospère und Victorine haben mich nie richtig gekannt – ich selber erinnere mich an

29

alle fünf genau – vor allem an Louise – sie hatte soviel Charakter – soviel Naivität, soviel Ehrlichkeit in ihrem kleinen Gesicht.

    Adieu, Monsieur,

        Ihre dankbare Schülerin,

                C. Brontë

Ich habe Sie nicht gebeten, mir bald zu schreiben, denn ich fürchte, Ihnen lästig zu fallen – Sie sind aber zu gut, um vergessen zu können, daß ich es dennoch wünsche – ja – ich wünsche es sehr – das genügt – nun – tun Sie, was Sie wollen, Monsieur – doch wenn ich tatsächlich einen Brief erhalten sollte und glauben müßte, Sie hätten aus Mitleid geschrieben – das würde mir sehr weh tun –

Ich hörte, Mme. Wheelwright reist erst nach Paris, ehe sie nach Brüssel fährt – sie wird aber meinen Brief der Post in Boulogne übergeben – noch einmal adieu, Monsieur: Es tut mir weh, adieu zu sagen, auch im Brief. Ach, es ist sicher, daß ich Sie eines Tages wiedersehen werde – es muß ja sein –, denn sobald ich genügend Geld verdient haben werde, um nach Brüssel zu gelangen, fahre ich – und ich werde Sie wiedersehen, wenn auch nur für die Dauer eines Augenblicks.

24. Oktober 1844

Monsieur,
ich bin ganz fröhlich heute morgen – was mir in
den letzten zwei Jahren nicht oft widerfahren
ist –, denn ein Herr aus meinem Bekannten-
kreis wird über Brüssel reisen, und er bot mir
an, einen Brief für Sie mitzunehmen – besagten
Brief wird er selber, oder vielleicht auch seine
Schwester, Ihnen überreichen, so daß ich sicher sein kann, daß Sie ihn erhalten haben.

Es ist kein langer Brief, den ich schreiben
werde – erstens habe ich keine Zeit –, er muß
gleich weg, und außerdem fürchte ich, Sie zu
stören. Ich möchte Sie nur fragen, ob Sie
meine Nachrichten von Anfang Mai und dann
im August erhalten haben? Es sind jetzt sechs
Monate, die ich auf einen Brief von Monsieur
warte – sechs Monate Warten, das ist sehr
lang, ja! Dennoch beklage ich mich nicht, und
ich wäre für das bißchen Kummer reich ent-
lohnt – wenn Sie mir jetzt einen Brief schreiben
und ihn diesem Herrn – oder seiner Schwester –

geben wollten, die ihn ganz bestimmt an mich weiterleiten.

Wie kurz der Brief auch sei, er wird mich froh machen – vergessen Sie aber nicht, mir zu sagen, wie es Ihnen geht, Monsieur, und wie es Madame und den Kindern, den Lehrerinnen und den Schülern geht.

Mein Vater und meine Schwester übermitteln Ihnen ihre besten Grüße – die Behinderung meines Vaters wächst allmählich – doch er ist noch nicht vollständig erblindet – meinen Schwestern geht es gut. Doch mein armer Bruder ist immer noch krank.

Adieu, Monsieur, ich rechne mit Ihrer baldigen Nachricht – bei diesem Gedanken lächle ich, denn die Erinnerung an Ihre Güte wird nie aus meinem Gedächtnis schwinden, und solange diese Erinnerung dauert, wird auch die Achtung für Sie bleiben.

Ihre sehr ergebene Schülerin
C. Brontë

Ich habe vor kurzem alle Bücher, die Sie mir gegeben haben, als ich in Brüssel war, binden lassen. Es ist mir eine solche Freude, sie zu betrachten – sie bilden eine richtige kleine

Bibliothek – da sind zunächst die gesammelten Werke von Bernardin St. Pierre – und Les Pensées von Pascal – ein Band mit Gedichten, zwei deutsche Bücher – und (was alles übrige aufwiegt) zwei Reden von Monsieur le Professeur Heger, die anläßlich der Preisverteilung am Athenée Royale gehalten wurden.

Haworth
Bradford, Yorkshire
8. Januar 1845

Mr. Taylor ist zurück. Ich fragte ihn, ob er einen Brief für mich hat. »Nein, nichts.« – »Geduld«, dachte ich, »seine Schwester wird bald hier sein.« Miss Taylor ist zurück. »Ich habe nichts von Monsieur Heger für Sie«, sagte sie, »weder Brief noch Botschaft.«

Nachdem ich diese Worte begriffen hatte, habe ich mir gesagt, was ich auch einem anderen in ähnlicher Lage sagen würde. »Sie müssen sich damit abfinden, und vor allem dürfen Sie nicht über ein Unglück betrübt sein, das Sie nicht verdient haben.« Ich habe mich bemüht, nicht zu weinen, mir nicht selber leid zu tun.

Doch wenn man sich nicht beklagt und einem Tyrannen gleich über sich herrschen will – rebelliert der Geist –, und der Preis für die äußere Ruhe ist ein innerer, beinahe unerträglicher Kampf.

Tag und Nacht finde ich weder Ruhe noch Frieden – im Schlaf werde ich von quälenden Träumen heimgesucht, in denen ich Sie erblicke, immer streng, immer düster, immer über mich erzürnt –

Vergeben Sie mir also, Monsieur, wenn ich Ihnen doch wieder schreiben muß. Wie kann ich das Leben ertragen, wenn ich keinen Versuch mache, seine Leiden zu lindern?

Ich weiß, daß Sie ungehalten sein werden, wenn Sie diesen Brief lesen – Sie werden aufs neue sagen, ich sei exaltiert –, ich hätte schwarze Gedanken etc. Nun, Monsieur – ich versuche nicht, mich zu rechtfertigen, ich beuge mich allen Vorwürfen. Alles, was ich weiß, ist, daß ich nicht die Freundschaft meines Lehrers gänzlich verlieren kann, will – lieber will ich die größten physischen Schmerzen erleiden, als daß mein Herz ewig von bitterer Reue zerrissen wird. Wenn mein Lehrer mir seine Freundschaft gänzlich entzieht, werde ich völlig hoffnungslos sein – wenn er mir davon ein wenig – nur ein klein wenig – gibt – werde ich zufrieden – glücklich sein, ich werde einen Grund zum Leben – zum Arbeiten – haben.

Monsieur, es ist nicht viel, dessen die Armen bedürfen, um sich zu ernähren – sie bitten nur um die Brosamen, die von des Reichen Tafel fallen –, doch wenn man ihnen diese verweigert, sterben sie Hungers. Auch ich benötige nicht viel Zuneigung von denen, die ich liebe, eine rückhaltlose und vollständige Freundschaft würde mich verwirren – daran bin ich nicht gewöhnt. Aber Sie haben mir vorzeiten ein *kleines* Interesse entgegengebracht, als ich in Brüssel Ihre Schülerin war – und an das Fortdauern dieses *kleinen* Interesses klammere ich mich –, ich hänge daran, als wäre es mein Leben.

Sie werden mir vielleicht sagen – Ich empfinde für Sie nicht mehr das geringste Interesse, Mademoiselle Charlotte – Sie gehören nicht mehr zu meinem Haus – ich habe Sie vergessen.

Wenn dies so ist, Monsieur, sagen Sie es mir ehrlich – es wird für mich ein Schock sein. Aber das macht nichts. Es wird weniger schrecklich sein als die Ungewißheit.

Ich werde diesen Brief nicht noch einmal durchlesen – ich schicke ihn so ab, wie ich ihn geschrieben habe. – Obwohl ich ahne, daß kühle und vernünftige Leute beim Lesen sagen würden – »sie redet Unsinn« –. An diesen Menschen würde ich mich rächen, indem ich ihnen einen einzigen Tag die Qualen, die ich seit acht Monaten erlitten habe, wünsche. Dann erführe man, ob sie nicht ganz genau so unsinnig reden würden.

Man leidet schweigend, solange man dazu die Kraft hat, und wenn diese Kraft fehlt, redet man, ohne seine Worte sorgsam zu messen.

Ich wünsche Monsieur Glück und Erfolg.

C. B.

Haworth
Bradford, Yorkshire
18. November 1845

Monsieur,
sechs Monate Schweigen sind vergangen; wir
schreiben heute den 18. November, mein letzter Brief (glaube ich) war auf den 18. Mai
datiert, ich kann Ihnen also schreiben, ohne
gegen mein Versprechen zu verstoßen.

Der Sommer und der Herbst sind mir recht
lang erschienen; genauer gesagt, ich habe
mich mit der Anstrengung gequält, den Ver-
zicht, den ich mir auferlegt habe, bis zum heu-
tigen Tag zu ertragen: Sie können das nicht
ermessen, Monsieur, aber stellen Sie sich einen
Augenblick lang vor, eines Ihrer Kinder wäre
160 Meilen von Ihnen entfernt und Sie dürften
ihm sechs Monate lang nicht schreiben, keine
Nachrichten von ihm erhalten, nicht hören,
wie es ihm geht – dann werden Sie leicht die
ganze Härte einer solchen Verpflichtung be-
greifen.

Ich muß Ihnen offen sagen, daß ich in der Zwischenzeit versucht habe, Sie zu vergessen, denn die Erinnerung an einen Menschen, den man glaubt, nicht mehr wiedersehen zu dürfen, und den man doch so sehr bewundert, greift das Gemüt zu stark an. Und wenn man eine solche Unruhe ein oder zwei Jahre erlitten hat, ist man zu allem bereit, um Erlösung zu finden. Ich habe alles getan, ich habe Beschäftigungen gesucht, ich habe mir strikt das Vergnügen verboten, von Ihnen zu sprechen – auch gegenüber Emily – doch ich habe weder meine Betrübnis noch meine Ungeduld besiegen können – das ist etwas Demütigendes – seine eigenen Gedanken nicht beherrschen zu können, Sklavin eines Kummers, einer Erinnerung, Sklavin einer beherrschenden und obsessiven Idee zu sein, die den Geist tyrannisiert. Hätte ich bloß für Sie genausoviel Freundschaft wie Sie für mich – nicht mehr und nicht weniger! Ich wäre dann so ruhig, so frei – ich könnte zehn Jahre lang mühelos schweigen.

Mein Vater ist wohlauf, doch sein Augenlicht ist fast erloschen, er kann nicht mehr lesen und nicht mehr schreiben: Dennoch meinen die Ärzte, man solle noch einige Monate warten, ehe eine Operation unternommen wird. – Der Winter wird für ihn eine einzige lange Nacht sein; er klagt selten, ich bewundere seine Geduld. – Wenn die Vorsehung mir dasselbe Unglück zudenkt – möge sie mir dann wenigstens genauso viel Geduld schenken, es zu ertragen! Ich glaube, Monsieur, das Bitterste an den großen körperlichen Nöten besteht darin, gezwungen zu sein, sein Leiden mit all denjenigen, die einen umgeben, teilen zu müssen; man kann die Erkrankungen der Seele verborgen halten, doch diejenigen, die den Körper angreifen und die Kräfte zerstören, lassen sich nicht verbergen. Mein Vater gestattet mir nun, ihm vorzulesen und für ihn zu schreiben, er schenkt mir mehr Vertrauen, als er es jemals zuvor tat, was ein großer Trost ist.

Monsieur, ich muß Sie um eine Gunst bitten: Wenn Sie diesen Brief beantworten, erzählen Sie mir etwas über sich, nicht über mich, denn ich weiß, wenn Sie von mir sprechen, werden Sie mich schelten, und diesmal möchte ich Sie von Ihrer wohlwollenden Seite; erzählen Sie mir also von Ihren Kindern, nie trugen Sie eine strenge Miene, wenn Louise, Claire und Prospère bei Ihnen waren. Sagen Sie mir auch etwas über das Pensionat, die Schüler, die Lehrerinnen – bleiben Mesdemoiselles Blanche, Sophie und Justine in Brüssel? Sagen Sie mir, wohin Sie während der Ferien gereist sind – sind Sie nicht an den Rheinufern gewesen? Haben Sie nicht Köln oder Koblenz besichtigt? Sagen Sie mir, was Sie wollen, mein Lehrer, aber sagen Sie mir etwas. Einer Hilfslehrerin zu schreiben (nein – ich will mich nicht an meine Tätigkeit als Hilfslehrerin erinnern – ich sage mich davon los), also, einer ehemaligen Schülerin zu schreiben kann für Sie keine sehr interessante Beschäftigung sein – das weiß ich –, doch für mich ist es das Leben. Ihr letzter Brief war mir Stütze – Nahrung – sechs Monate lang – jetzt brauche ich einen weiteren, und Sie werden mir einen schenken –, nicht, weil Sie für mich Freundschaft empfinden – davon kann es nicht viel geben –, sondern weil Sie Erbarmen kennen und keinem Menschen Qualen bereiten könnten, die zu ersparen Sie nur einige lästige Minuten Zeit kostet. Mir zu verbieten, Ihnen zu schreiben, mir eine Antwort zu verweigern, bedeutete, mir die einzige Freude zu entreißen, die ich auf der Welt habe, mir mein letztes Privileg zu nehmen – ein Privileg, das ich niemals freiwillig aufgeben werde. Glauben Sie mir, mein Leh-

rer, indem Sie mir schreiben, vollbringen Sie
eine gute Tat – solange ich Sie ein wenig zufrieden mit mir wähne –, solange ich die Hoffnung
habe, Nachrichten von Ihnen zu erhalten,
kann ich ruhig und nicht allzu traurig sein,
doch wenn ein tristes und andauerndes
Schweigen mir anzeigt, daß mein Lehrer sich
von mir zurückzieht – wenn ich Tag für Tag
auf einen Brief warte und wenn Tag für Tag die
Enttäuschung mich in eine schmerzliche Nie-
dergeschlagenheit zurückwirft und diese süße
Freude, Ihre Handschrift zu sehen und Ihre
Ratschläge zu lesen, wie eine leere Vision von
mir flieht, dann wird mir fiebrig – ich verliere
den Appetit und den Schlaf – ich schwinde
dahin.

Darf ich Ihnen nochmals im nächsten Mai
schreiben? Ich würde gern ein Jahr warten –
aber das ist unmöglich – es ist zu lang.

C. Brontë

Ich muß Ihnen noch ein Wort auf englisch
sagen – ich wünschte, ich könnte Ihnen fröh-
lichere Briefe schreiben, denn als ich diesen
noch einmal las, fand ich ihn irgendwie düster –
doch verzeihen Sie mir, mein lieber Lehrer –

seien Sie über meine Traurigkeit nicht irritiert – wie die Bibel sagt: »Wem das Herz voll ist, dem geht der Mund über.« Und ich finde es wahrlich schwer, fröhlich zu sein, wenn ich daran denke, Sie nie wiederzusehen. Sie werden an den Fehlern dieses Briefes merken, daß ich die französische Sprache vergesse – obwohl ich alle französischen Bücher lese, die ich bekommen kann, und obwohl ich jeden Tag ein Stück auswendig lerne – aber seit ich Brüssel verließ, habe ich außer einem Mal nie wieder Französisch sprechen hören – und damals klang es wie Musik in meinen Ohren – jedes Wort war mir äußerst kostbar, weil es mich an Sie erinnerte – Ihretwegen liebe ich Französisch aus ganzem Herzen und mit ganzer Seele.

Leben Sie wohl, mein lieber Lehrer, möge Gott Sie mit ausdrücklicher Obhut schützen und mit besonderem Segen krönen.

C. B.

WAHRLICH, WAHRLICH, ES IST
EINE ERNSTE UND SELTSAME UND
GEFÄHRLICHE SACHE FÜR EINE
FRAU, EHEFRAU ZU WERDEN. ✒
BRIEFE AN ELLEN NUSSEY

9. Oktober 1844

Liebe Ellen,
wir leben hier so weiter wie gewöhnlich, nur
daß Branwell in der letzten Zeit unausstehli-
cher und lästiger gewesen ist als üblich; er
führt vor Papa ein elendes Stück Leben auf.

Mr. Nicholls ist ganz unverändert zurück-
gekehrt. Ich kann beim besten Willen nicht
jene interessanten Ansätze zur Gutherzigkeit
an ihm erkennen, die Du entdeckt hast; seine
Engstirnigkeit berührt mich äußerst unange-
nehm. Seine verborgenen Schätze verdankt er,
fürchte ich, Deiner Einbildung.

Die Deine
C. B.

10. Juli 1846

Liebe Ellen,

wer war das, der Dich ernsthaft gefragt hat, ob Miss Brontë nicht den Kuraten ihres Papas heiraten wird? Ich muß wohl kaum erwähnen, daß kein Gerücht jemals unbegründeter war. Eine kalte, ferne Art von Höflichkeit ist die einzige Umgangsform, die ich je mit Mr. Nicholls pflegte. Unter keinen Umständen könnte ich ihm gegenüber dieses Gerücht erwähnen, nicht einmal als einen Scherz. Das würde mich für das nächste halbe Jahr zur Zielscheibe seines Witzes und des der anderen Kuraten machen. Sie betrachten mich als eine alte Jungfer, und ich betrachte sie alle zusammen als höchst uninteressante, engstirnige und unattraktive Vertreter des derberen Geschlechts.

Schreib mir bald wieder, ganz gleich, ob Du etwas Besonderes zu sagen hast oder nicht. Liebe Grüße an Deine Mutter und Deine Schwestern.

C. Brontë

15. Dezember 1852

Liebe Ellen,
ich sende den Brief zurück, der überaus bezeichnend und, wie ich fürchte, für die Behaglichkeit Deines Besuches kein gutes Omen ist. Mit ihr und mit ihren Dienstboten muß etwas nicht in Ordnung sein. Ich lege einen anderen Brief bei, der, zusammen mit dem Vorfall, der ihm unmittelbar vorausging und mit einer langen Reihe von Hinweisen, deren Bedeutung ich mir bis dahin kaum selber klarzumachen wagte, geschweige denn sie einem anderen mitteilte, ein Gefühl tiefer Besorgnis in meinem Inneren zurückgelassen hat. Dieser Brief stammt, wie Du feststellen wirst, von Mr. Nicholls.

Ich weiß nicht, ob Du ihn während Deines Aufenthaltes hier genau beobachtet hast. Im allgemeinen bist Du nach dem ersten Eindruck mit einem Urteil schnell bei der Hand – zu schnell, wie ich manchmal gedacht habe; doch da Du niemals etwas gesagt hast, unterdrückte ich meine eigenen undeutlichen Befürchtungen, weil ich keine sicheren Anhaltspunkte in meiner Einbildung finden konnte. Was Papa gesehen oder vermutet hat, will ich nicht untersuchen, obwohl ich es mutmaßen könnte. Er hat alle niedergeschlagenen Stimmungen von Mr. Nicholls genau bemerkt, alle seine Drohungen, auszuwandern, alle seine Symptome beeinträchtigter Gesundheit – er nahm sie mit geringem Mitgefühl und einem Gutteil von leisem Sarkasmus wahr. Am Montag abend war Mr. Nicholls zum Tee hier. Ich ahnte ungefähr, ohne genau zu wissen und ohne daß ich hinschaute, die Bedeutung seiner fortdauernden Blicke, und ich spürte über geraume Zeit seine sonderbar fiebrige Beherrschtheit.

Nach dem Tee zog ich mich in das Wohnzimmer zurück. Wie gewöhnlich saß Mr. Nicholls mit Papa bis acht oder neun Uhr zusammen. Dann hörte ich ihn die Tür vom Salon schließen, als ob er gehen wolle. Ich wartete auf das Zuklappen der Haustür. Er blieb im Flur stehen, er klopfte. Wie ein Blitzstrahl fuhr mir durch den Sinn, was nun kommen würde. Er trat ein, er stand vor mir. Seine Worte wirst Du erraten, sein Auftreten Dir kaum vorstellen können. Ich werde es nie vergessen. Von Kopf bis Fuß zitternd, mit totenblassem Gesicht, seine Rede leise, heftig und doch stockend, ließ er mich zum erstenmal spüren, was es einen Mann kostet, seine Liebe zu gestehen, an deren Erwiderung er zweifeln muß. Der Anblick eines sonst so statuenähnlichen Mannes, der sich mir zitternd, aufgewühlt und überwältigt zeigte, versetzte mir eine Art von sonderbarem Schock. Er sprach von Leiden, die er monatelang ertragen hätte und nicht mehr aushalten könne, und er flehte um ein Wort, das ihm ein wenig Hoffnung machte. Ich konnte nichts anderes tun, als ihn zu ersuchen, mich für den Augenblick allein zu lassen und ihm für morgen eine Antwort zu versprechen.

Ich fragte ihn, ob er mit Papa gesprochen hätte. Er sagte, er habe es nicht gewagt. Ich glaube, halb zog, halb stieß ich ihn aus dem Zimmer. Als er fort war, ging ich zu Papa hinüber und erzählte ihm, was geschehen war. Daraus ergaben sich Ärger und Aufregung, die in keinem Verhältnis zu dem Vorgefallenen standen. Wenn ich Mr. Nicholls liebte, hätten mich die Namen, mit denen er nun belegt wurde, über alle Grenzen meiner Geduld getrieben. Aber auch so brachte seine Ungerechtigkeit mein Blut zum Sieden. Doch Papa arbeitete sich in einen Zustand hinein, mit dem nicht zu spaßen war. Seine Schläfenadern traten wie Peitschenschnüre hervor, und seine Augen waren blutunterlaufen. Ich beeilte mich, ihm zu versprechen, daß Mr. Nicholls am nächsten Tag eine eindeutige Absage erhalten werde.

Ich schrieb gestern und erhielt diese Antwort. Es besteht keine Notwendigkeit, diesen Ausführungen etwas hinzuzufügen. Papas heftiger Widerwillen gegen den bloßen Gedanken, irgend jemand könne mich zur Gattin wollen, und Mr. Nicholls' Kummer – beides schmerzt mich. Ich habe mich, wie Du weißt, zu Mr. Nicholls nie hingezogen gefühlt, doch das bittere Mitleid, hervorgerufen durch seinen Zustand am Montag abend, und die übereilte Offenbarung seiner monatelangen Leiden sind ein wenig ärgerlich und verdrießlich. Daß er etwas für mich empfand und wünschte, daß ich ebenfalls etwas für ihn empfinde, habe ich lange geargwöhnt, doch um die Tiefe oder Kraft seiner Gefühle habe ich nicht gewußt. Teure Nell, lebe wohl.

Deine getreue
C. Brontë

Haworth
27. Mai 1853

Liebe Ellen,

Du wirst etwas über den Abschied erfahren wollen. Die ganze Angelegenheit ist nichts anderes als qualvoll, doch ich muß sie in kurzer Form behandeln. Das Zeugnis wurde in einer öffentlichen Versammlung überreicht. Mr. Taylor und Mr. Grant waren anwesend. Papa ging es nicht sehr gut, und ich riet ihm, daheim zu bleiben, welches er tat. Was den letzten Sonntag angeht, war es ein erbitterter Kampf. Mr. Nicholls sollte nicht eine Aufgabe übernehmen müssen.

Er verließ Haworth heute morgen um sechs Uhr. Gestern abend kam er, um Papa die Dokumente der öffentlichen Schule zu übergeben und sich zu verabschieden. Im Salon war gerade Großreinemachen, so daß er mich dort nicht fand. Ich mochte nicht ins Wohnzimmer gehen, um in Papas Gegenwart mit ihm zu sprechen. Er ging in dem Glauben fort, daß er mich nicht sehen werde; tatsächlich hielt ich das bis zum letzten Augenblick für das Beste. Als ich jedoch gewahrte, daß er vor dem Fortgehen lange draußen am Tor verweilte und eingedenk seines langen Kummers, faßte ich mir ein Herz und ging hinaus, zitternd und elend. Ich fand ihn von Schmerz überwältigt an das Gartentor gelehnt, schluchzend, wie Frauen niemals schluchzen. Natürlich ging ich sogleich zu ihm. Wir wechselten nur sehr wenige Worte, und diese waren kaum verständlich. Viele Dinge, nach denen ich ihn gern gefragt hätte, waren mir gänzlich aus dem Gedächtnis entschwunden. Armer Kerl! Doch die Hoffnung und die Ermutigung, die er suchte, konnte ich ihm nicht geben. Trotzdem baue ich darauf, daß er nun weiß, daß ich nicht grausam blind und gleichgültig gegen seine Beharrlichkeit und seinen Kummer bin. Für ein paar Wochen geht er in den Süden Englands, danach übernimmt er, irgendwo in Yorkshire, das Amt eines Hilfspfarrers, aber ich weiß nicht wo.

In der letzten Zeit ist Papa weit entfernt davon gewesen, aufzutrumpfen. Ich wage es nicht, ihm gegenüber Mr. Nicholls' Namen zu erwähnen. Zu anderen spricht er von ihm gemäßigt und ohne Schmähungen, doch gegen mich ist er in dieser Angelegenheit unversöhnlich. Wie auch immer, er ist fort – er ist verschwunden, und alles hat damit ein Ende. Ich sehe keine Möglichkeit, in Zukunft etwas von ihm zu hören, es sei denn, es käme durch Mr. Sowden oder jemand anderen eine flüchtige Nachricht von ihm. Bei alldem bin nicht ich es, die man überhaupt bemitleiden sollte, und natürlich kommt auch niemand auf die Idee. Jedermann in Haworth glaubt, daß ich ihn hochmütig abgewiesen habe. Falls Mitleid Mr. Nicholls etwas nützt, sollte es ihm zuteil werden, und ich glaube, das ist der Fall gewesen. Mögen sie mich beschimpfen, wenn sie wollen; ich kann nicht sagen, ob sie es tun oder nicht.

Schreibe bald und berichte, wie es um Deine Aussichten steht. Ich bin sicher, daß sie täglich besser werden.

Deine getreue
C. Brontë

Haworth
11. April 1854

Liebe Ellen,
ich danke Dir für den Kragen; er ist sehr
hübsch, und ich werde ihn derjenigen zuliebe
tragen, die ihn gearbeitet und verschenkt hat.

Mr. Nicholls kam am Montag und war die
ganze vergangene Woche hier. Seit letztem
Juli hat sich die Sache folgendermaßen ent-
wickelt: Er erneuerte seinen Besuch im September, doch damals fügte es sich so, daß ich
wenig von ihm sah. Er fuhr fort, mir zu schreiben. Der Briefwechsel bedrückte mich. Es
machte mich elend, ihn vor Papa zu verheim-
lichen. Schließlich ließ die nackte Qual mich
den Mut fassen, das Schweigen zu brechen.
Ich erzählte alles. Es war damals ein sehr har-
tes Stück Arbeit, doch sie führte nach einigen
Tagen zu dem Ergebnis, daß ich die Erlaubnis
erhielt, die Korrespondenz fortzusetzen. Mr.
Nicholls kam im Januar; zehn Tage hielt er
sich in der Nachbarschaft auf. Ich sah ihn oft.

Das hatte ich mir bei Papa ausbedungen, um Gelegenheit zu haben, ihn besser kennenzulernen. Ich hatte sie, und alles, was ich erfuhr, veranlaßte mich zu Wertschätzung und Zuneigung. Trotzdem war Papa sehr, sehr feindselig und bitter ungerecht.

Ich erzählte Mr. Nicholls von dem großen Hindernis, das ihm im Wege lag. Er blieb beharrlich. Das Resultat seines letzten Besuches ist, daß Papas Zustimmung gewonnen wurde, daß Mr. Nicholls seine Achtung erlangt hat, denn er hat sich in allen Belangen als uneigennützig und nachsichtig gezeigt. Gewiß, ich muß ihn achten, und ich kann ihm auch nicht versagen, mehr als bloße Achtung zu empfinden. Kurzum, liebe Ellen, ich bin verlobt.

Mr. Nicholls wird im Laufe der nächsten Monate als Hilfspfarrer nach Haworth zurückkehren. Ich habe darauf bestanden, Papa nicht zu verlassen; und was Papas Wohnsitz angeht, habe ich ihm einen Plan vorgeschlagen, der gewährleistet, daß seine Privatsphäre und Bequemlichkeit nicht beeinträchtigt werden, und ihm in finanzieller Hinsicht Gewinn statt Verlust einträgt. Was einmal unmöglich schien, ist jetzt geregelt, und Papa fängt wahrhaftig an, sich über diese Aussichten zu freuen.

Was mich betrifft, liebe Ellen, so bin ich, wenn auch dem Einen dankbar, der mich durch mancherlei Schwierigkeiten, reichlichen und tiefen Kummer und Verwirrung der Seele geleitet zu haben scheint, gleichwohl sehr ruhig und ohne große Erwartungen. Was mir an Glück zu schmecken vergönnt sein wird, ist von der nüchternsten Sorte. Ich erwarte zuversichtlich, meinen Mann lieben zu können, und ich bin dankbar für seine zärtliche Zuneigung. Ich schätze ihn als einen gütigen, gewissenhaften Mann mit festen Grundsätzen. Und wenn ich darüber hinaus einem Bedauern nachgeben wollte, daß ihm höhere Talente fehlen, sowie Gedanken und Neigungen, die den meinen gleichen, so wäre ich höchst anmaßend und undankbar.

Die Vorsehung hat mir dieses Schicksal bestimmt. Also ist es zweifellos das Beste für mich. Und ich scheue mich nicht, jenen, die mir teuer sind, ein nicht weniger glückliches Schicksal zu wünschen.

Es ist möglich, daß unsere Hochzeit im Laufe des Sommers stattfinden wird. Mr. Nicholls möchte gern, daß wir im Juli heiraten. Er sprach mit großer Freundlichkeit von Dir und sagte, er hoffe, daß Du an unserer Vermählung teilnehmen würdest. Ich sagte, ich könne mir niemand anderen als Brautjungfer vorstellen. War das recht von mir? Ich möchte, daß die Heirat wirklich so still wie möglich vollzogen wird.

Sprich noch nicht über diese Dinge. Ich gedenke in Kürze an Miss Wooler zu schreiben. Lebwohl. Ein sonderbares halb-trauriges Gefühl ergreift mich während dieser Mitteilungen. Das Ganze ist ein wenig anders, als die Einbildung es im voraus malt: Sorgen, Befürchtungen steigen auf, unentwirrbar mit Hoffnungen verknüpft. Doch ich hoffe fest, alles mit Dir besprechen zu können. In der letzten Woche verlangte mich oft nach Deiner Gegenwart, und ich sagte es Mr. Nicholls – Arthur, wie ich ihn jetzt nenne, doch er erwiderte, es sei die einzige Zeit und Gelegenheit, die ihn nicht den Wunsch verspüren ließe, Dich zu sehen. Lebe wohl.

Deine Dich liebende
C. Brontë

Haworth
9. August 1854

Liebe Ellen,

ich hoffe zuversichtlich, daß Du nun wieder zu Dir gefunden hast und von der Plackerei, Gäste zu unterhalten, befreit bist. Du beklagst Dich nicht, doch ich fürchte, es ist ein bißchen zuviel für Dich gewesen.

Seit ich heimgekommen bin, habe ich nicht eine ruhige Minute gehabt. Mein Leben hat sich tatsächlich verändert: es kommt einem sonderbar vor, wenn man fortwährend gebraucht, fortwährend herbeigerufen und in Anspruch genommen wird; doch das ist eine erstaunlich gute Sache. Bis jetzt verstehe ich nicht ganz, wie manche Frauen so selbstsüchtig werden können. Nach meiner Erfahrung mit dem Ehestand glaube ich, daß er dazu beiträgt, das eigene Ich hintanzustellen und sich von ihm zu entfernen.

Diese Woche haben wir allerlei Besucher gehabt. Gestern waren Mr. Sowden und ein anderer Gentleman hier zu Tisch, und Mr. und Mrs. Grant kamen zum Tee.

Ich denke, Papas wegen werden wir nicht so bald nach Brookroyd fahren. Ich möchte nicht wieder für eine Zeit von zu Hause fort sein, doch ich baue darauf, daß Du bald hierherkommen wirst.

Ich mag Mr. Sowden wirklich sehr gern. Er fragte nach Dir. Mr. Nicholls sagte ihm, daß wir Dich im Lauf der nächsten drei, vier Wochen hier erwarteten und er ihn dann wieder einladen werde, da er möchte, daß wir recht lange Wanderungen unternähmen; und da er auf seine Ehefrau achtgeben müsse, was schwierig genug sei, wäre es durchaus notwendig, für die andere Dame einen Beschützer zu haben. Mr. Sowden schien vollkommen damit einverstanden.

Liebe Nell, während der letzten sechs Wochen hat sich die Farbe meiner Gedanken doch sehr verändert: ich weiß nun mehr über die Realitäten des Lebens als früher. Ich glaube, es werden viele falsche Vorstellungen verbreitet, vielleicht ohne Absicht. Ich denke, jene verheirateten Frauen, welche ihre Bekannten unterschiedslos zur Heirat drängen, tragen viel Schuld daran. Ich, für meinen Teil, kann nur mit tieferem Ernst und größerem Nachdruck wiederholen, was ich, in der Theorie, immer gesagt habe: ›Gottes Wille geschehe.‹ Wahrlich, wahrlich, Nell, es ist eine ernste und seltsame und gefährliche Sache für eine Frau, Ehefrau zu werden. Den Männern ist ein ganz, ganz anderes Los beschieden. Sage mir, wann Du glaubst kommen zu können. Papa geht es besser, wenn auch nicht gut. Wie geht es Deiner Mutter? Sag ihr liebe Grüße von mir. Deine Dich liebende

C. B. Nicholls

Habe ich Dir erzählt, wieviel besser es Mr. Nicholls geht? Er sieht ganz kräftig und gesund aus; während der vier Wochen, als wir in Irland waren, hat er 12 Pfund zugenommen. Daß er sich so erholt hat, war für mich eine Hauptquelle des Glücks und, um die Wahrheit zu sagen, auch etwas Erstaunliches.

NACHWORT. CHARLOTTE BRONTË UND DIE LIEBE: EINE LANGE REISE VOM TRAUM IN DEN TAG. ❧ VON ELSEMARIE MALETZKE

Über die Liebe hat Charlotte Brontë nachzudenken begonnen, als sie zwölf Jahre alt war.
Seit dieser Zeit, so schreibt sie an eine Freundin,
habe sie sich mit dem Gedanken abgefunden,
eine alte Jungfer zu werden. Unverheiratet zu
bleiben bedeutete im England des frühen 19.
Jahrhunderts und für eine junge Frau, die mit
sich und anderen so streng war wie diese Pfar-
rerstochter aus Yorkshire, daß sie ihr Leben
nicht nur ohne Liebe, sondern auch ohne Ero-
tik gestalten mußte. Doch dazu war Charlotte
Brontë nicht geschaffen.

Die Literaturgeschichte kennt die Autorin
von *Jane Eyre*, *Shirley* und *Villette* als das einsame Genie, das mit seinen Schwestern Emily
und Anne in der Dreisamkeit des Pfarrhauses
von Haworth den Frauen im viktorianischen
Roman eine neue Stimme gab. Ihre Forde-
rung nach einem aktiven, authentischen Leben und der Freiheit, einen Mann auch über
Klassenschranken hinweg zu wählen, veranlaßte den Kritiker George Henry Lewes, Le-

bensgefährte von George Eliot, bei einem Diner zu der witzig gemeinten Bemerkung, Charlotte Brontë habe mit *Jane Eyre* ein »ungezogenes Buch« geschrieben.

Sie hat ihm diese Sottise nicht vergeben; nicht nur weil sie wenig Humor hatte und weil sie Lewes für eine heillose Plaudertasche hielt, sondern weil sie die Beziehungen zwischen Frauen und Männern sehr ernst nahm. »Ich weiß, was Liebe ist, so wie ich sie verstehe«, erwiderte sie mit sechsunddreißig Jahren einer anderen Kritikerin, der phantasielosen, rigiden Harriet Martineau, die ihr vorgeworfen hatte, in *Villette* sei das Sinnen und Trachten sämtlicher Figuren auf die Liebe gerichtet, wo es doch gerade für Frauen dringlichere und gescheitere Belange im Leben gäbe. »Wenn Männer und Frauen sich schämen sollten, solche Liebe zu empfinden«, schrieb die Autorin, »dann gibt es nichts Rechtes, Edles, kein Vertrauen, nichts Wahres und Selbstloses auf dieser Erde.«

Martineau mochte mit ihren didaktischen Romanen die Nation schulmeistern und daraus Befriedigung ziehen; für Charlotte Brontë war die Potenz zu lieben und geliebt zu werden die Voraussetzung für ein erfülltes Leben.

Wie dies zu bewerkstelligen sei, ohne daß die Frau die Unabhängigkeit ihres Geistes darüber verliere, war das Thema ihrer Literatur und ihres Lebens. Die Biographie ihrer Zeitgenossin und Freundin Elizabeth Gaskell zeigt nur eine Seite dieser formidablen Frau: die aufopferungsvolle Tochter und Schwester; die große Autorin, die Pflicht und Familienbande in dem einsamen Heidedorf festhielten; ihr von Krankheit, Leid und Tod überschattetes Leben. Die Verwicklungen ihres Herzens, die auch Gaskell bekannt waren, verschwieg sie, um das Vor-Bild nicht zu trüben und den Witwer nicht zu kränken. Doch unter Charlottes viktorianischem Korsett von Schicklichkeit regte sich ein empfängliches Herz und ein gesundes Interesse an erotischen Vorgängen.

Der Grund, warum Charlotte dennoch glaubte, unverheiratet bleiben zu müssen, war nicht nur, daß sie keine gute Partie war, sondern auch die Tatsache, daß sie sich zeit ihres Lebens als häßlich empfand. Wir wissen von Zeitgenossen, daß sie bemerkenswert schöne Augen hatte, aber sonst in keiner Weise dem gängigen Schönheitsideal entsprach. Ihre Nase war zu groß, die Stirn zu wuchtig, der Mund schief, Zähne fehlten, sie hatte keine

»Farben«. Und diese bebrillte, großkopfige Person war dazu winzig, »unterentwickelt«, wie sie es selbst nannte; eine propere, aber eher schattenhafte Erscheinung in perlgrauer Seide, deren einzige Eitelkeit der tadellose Sitz ihrer Handschuhe und Stiefeletten war. »Sie hätte ihr ganzes Genie dafür hergegeben, wenn sie hätte schön sein dürfen«, schrieb ihr Verleger George Smith. Heute, wo Rosenwangen, eine Alabasterstirn und ein knospendes Mündchen nicht mehr in Mode sind, wäre Charlotte Brontë vielleicht apart zu nennen, aber vor 150 Jahren war sie sich ihrer Unzulänglichkeit in Gesellschaft vollkommenerer Damen so schmerzlich bewußt, daß sie oft wünschte, das Parkett möge sich unter ihr auftun. »Ich habe bemerkt, daß ein Fremder, der einmal in mein Gesicht gesehen hat, sorgsam bestrebt ist, seine Augen kein zweites Mal in meine Richtung schweifen zu lassen«, schrieb sie – überempfindlich und vielleicht nicht einmal zutreffend. Denn Charlotte war in kongenialer Gesellschaft eine faszinierende Person, die durch ihren Freimut und ihren regsamen Spott durchaus gewann. Der Pfarrer Henry Nussey, Bruder ihrer Freundin Ellen, der um die Hand der Dreiundzwanzigjährigen warb, kannte diese Seite nicht, und Charlotte traute ihrem guten Instinkt, als sie ihn abwies. Er war ein Langweiler von allerstrengstem Zuschnitt und hakte seine »Bekannte aus Yorkshire« mit einem achselzuckenden »Gottes Wille geschehe« von der Liste der Ehekandidatinnen ab. Der Kurat Bryce, der wenig später um sie anhielt, war gerade von ihrem Intellekt bezaubert, bekam jedoch ebenfalls einen Korb.

Charlotte, die im Fall ihrer Freundin Ellen Leidenschaft für kein sehr wünschenswertes Gefühl hielt, ersehnte zeit ihres Lebens einen Mann, »den ich lieben muß und fürchten kann«. Sie, die sich ihrer sittlichen und intellektuellen Gaben sehr bewußt war, suchte ihren Meister.

Als Kind hatte sie ihn sich selbst erschaffen. In Angria, dem Großreich ihrer Phantasie, das die zehnjährige Charlotte mit ihren jüngeren Geschwistern Branwell, Emily und Anne ersonnen und in Hunderten von Manuskriptseiten dokumentiert hatte, herrschten Helden und Finsterlinge von übermenschlicher Noblesse und Bosheit. Der strahlendste von allen war der Herzog von Zamorna, dem in seiner langen Karriere Scharen von schönen Fräuleins anheimfallen. Als Charlotte vierzehn

Jahre alt ist, schreibt sie ihre erste Liebesgeschichte, die Brautwerbung des jungen Herrn,
und mit dreiundzwanzig sein letztes Abenteuer im Rahmen des Angria-Tagtraums.

Das romantisch-zynische Bild Zamornas
wirkt noch in Mr. Rochester fort, dem Helden
ihres ersten veröffentlichten Romans *Jane
Eyre*, der 1847 Publikum und Kritik gleicher-
maßen bezauberte und schockierte. Darin
nimmt sich eine kleine, taubengraue Gouver-
nante heraus, ihren adeligen Arbeitgeber zu
beeindrucken und zu begehren. Sie ist es, die
ihm zuerst ihre Liebe gesteht – und ihn ver-
läßt, als er, bereits gebunden an eine wahnsin-
nige Ehefrau, ihr den Stand der Mätresse an-
bietet. »Ein skandalöses Buch«, befand der
Christian Remembrancer, in dem ständig das ar-
rogante Gemurre gegen Gottes Vorsehung zu
vernehmen sei. Jane und Rochester finden ein-
ander schließlich unter umgekehrten Vorzei-
chen, sie die Starke, er der Verkrüppelte. Die
Freiräume der Frau zwischen Liebe und Ab-
hängigkeit hat Charlotte in ihren Werken immer wieder abgemessen. Im Leben schien es,
als fühle sie sich nur wohl, wenn sie von einem
Mann ein wenig geschurigelt wurde.

Dies mag von ihrem Vater, dem Reverend

Brontë, herrühren, einem eindrucksvollen Patriarchen. »Ich bin glücklicher, wenn ich mich einer Autorität unterwerfen kann, anstatt sie auszuüben«, schreibt sie ihrer Freundin. Die natürliche oder eingebildete Autorität, die ein »Meister« an ihr ausübte, wirkte immer belebend auf sie und brachte das beste in ihr zum Vorschein: ihren Enthusiasmus und ihren Widerspruchsgeist. »Mit sechsundzwanzig bin ich wieder ein Schulmädchen«, seufzt sie glücklich, »und es gefällt mir sehr.«

Der Mann, um dessen Achtung und Freundschaft sie in diesem Alter wirbt, ist Lehrer in dem Brüsseler Pensionat des Desmoiselles, das Charlotte und ihre Schwester Emily zur Vervollkommnung ihrer Bildung besuchen. Constantin Heger, zweiunddreißig Jahre alt, Ehemann der Internatsleiterin, ist zwar nicht so schön wie Zamorna, aber ebenso gebieterisch, »sehr cholerisch und reizbar von Temperament; ein kleines, dunkles, häßliches Wesen mit einem Gesicht, dessen Ausdruck wechselt. Manchmal nimmt es die Züge eines verrückten Katers an, manchmal die einer rasenden Hyäne.« Später nennt sie ihn einen »schwarzen Schwan«, um die Rarität eines fühlenden Menschen in einer Gesellschaft junger Mädchen, die sie dumm und frivol findet, herauszustreichen. Noch einen anderen bemerkenswerten Menschen gibt es im Pensionat, »der aussieht wie eine rosa Zuckerpflaume, aber ich weiß, es ist nur angemalter Gips«. Dieser Mensch ist Zoë Heger, die mit dem Scharfsinn der eifersüchtigen Ehefrau die Neigung der englischen Schülerin zu ihrem Mann offenbar eher bemerkt als diese selbst.

Und Monsieur? Selbstverständlich ist er sich seiner Sonderstellung als einzige männliche Lehrkraft im Damenpensionat bewußt. Er ist kein Pauker, aber ein strenger Herr, der aus dem Gehorsam der Schülerinnen noch den Honig der Bewunderung zieht. Charlotte ist nicht die einzige, die ihre romantische Phantasie an ihn heftet. Aus dem Nachlaß Hegers geht hervor, daß er im Briefwechsel mit ehemaligen Schülerinnen stand, die er nach bestem Wissen beriet und mit denen er, soweit das seine Würde erlaubte, ein wenig scherzte.

Charlotte wiegt sich ihm gegenüber in der trügerischen Sicherheit, die der unerreichbare Heger als Studienrat und Familienvater zu bieten scheint. Er genießt ihren Respekt, ihre Bewunderung und ihren Eifer. Aber ist es klug von ihm, Englischstunden bei ihr zu nehmen?

Ihr Bücher zu schenken und ein Stück vom Sarg Napoleons? Auf das Vorsatzblatt eines kleinen deutschen Testaments schreibt Charlotte auf deutsch: »Herr Heger hat mir dieses Buch gegeben, Brüssel 1843.« Als könnte sie es jemals vergessen. Was sie ihm schenkt, weiß er nicht zu schätzen. Es sind drei der kleinen Heftchen, in die sie als junges Mädchen ihre Geschichten aus Angria schrieb, in winziger, lupenkleiner Schrift. Niemals zuvor und niemals später gewährt sie einem Fremden Einblick in ihr »göttliches, stilles Land der Gedanken«. Heger macht sich kaum die Mühe, die Büchlein zu inspizieren. 1892 finden sie sich in einem Brüsseler Trödelladen wieder.

Im Dezember 1843 kehrt Charlotte nach Haworth zurück. »Ich glaube, ich werde nie im Leben vergessen, was mich der Abschied von Monsieur Heger gekostet hat«, schreibt sie an ihre Freundin Ellen. »Es bekümmerte mich so sehr, ihn zu bekümmern, der mir ein so treuer, liebenswerter und selbstloser Freund gewesen war.« Sie lernt den Abschied von ihrem »Maître« erst im Laufe der nächsten zwei Jahre ganz zu ermessen. Was immer sie in Brüssel empfunden hat, in Haworth steigert es sich zur Passion. Der Kontrolle seiner Realität entzogen, hat sie nur noch ihre Erinnerung und ihre Sehnsucht zum Gegenüber, denn sie versagt sich sogar im Gespräch mit Emily das Vergnügen, seinen lieben Namen zu nennen. Bei der Abreise hat sie Heger das Versprechen abgerungen, zweimal im Jahr mit ihm korrespondieren zu dürfen. Die Briefe, die sie ihm aus England schickt, werden ihn allerdings in Erstaunen gesetzt haben. An keinen unverheirateten Mann hätte Charlotte mit solch kaum verhüllter Glut schreiben können. Sie bittet um herzlich wenig, etwas Freundschaft, ein paar Brosamen, die von des Herrn Tisch fallen, aber Monsieur wird endlich aufgegangen sein, daß es sich bei diesem Begehren um mehr als die Schwärmerei einer Schülerin handelt. In seiner Eitelkeit hat er eine Obsession genährt, die Charlotte das Herz bricht.

Die ersten Briefe von beiden Seiten sind verloren. Aus einer späteren Antwort Charlottes wissen wir, daß er ihre »schwarzen Gedanken« rügt, und danach stellt er offenbar die Korrespondenz ein. Ihre zunehmend desperaten Schreiben wandern in den Papierkorb (nachdem der gefühlvolle Mann auf einem die Adresse eines Schusters notiert hat). Es ist Madame Heger, die sie der Nachwelt erhält, denn sie zieht die Schnipsel wieder heraus und näht sie zusammen. Ein zweites Mal versucht Heger, sich der Briefe zu entledigen, als er sie nach dem Tod seiner Frau in ihrer Schmuckschatulle findet. Diesmal ist es die Tochter, die sie aus dem Altpapier rettet und schließlich dem Britischen Museum vermacht.

Wieweit Charlotte sich selbst über das Platonische in ihrer Liebe zu Heger betrog, darüber kann man heute nur spekulieren. Sie war eine erwachsene Frau, die das Gefühl der Begierde wohl kannte. Wie sah die »Freundschaft« aus, die sie ersehnte, wenn sie am Wohnzimmerfenster des Pfarrhauses stand und auf den Briefträger wartete, der die lange Gasse zwischen Friedhof und Sonntagsschule heraufgestiegen kam?

Wahrscheinlich hat Charlotte ihren Maître bis an ihr Lebensende im Herzen bewahrt, und obwohl sie weiter die Freundschaft interessanter Männer suchte, hat sie sich in Zukunft vor einer ähnlichen Leidenschaft gehütet. In ihren Romanen *The Professor* und *Villette* erfüllt sie sich wenigstens literarisch den Traum von der Liebe zwischen Meister und Schülerin, und in *Shirley* ist es der Hauslehrer, der die junge Erbin gewinnt. Es ist eine Geschichte der zurückgewiesenen und erstickten Gefühle. Shirleys Freundin Caroline hatte »geliebt, ohne um Liebe gebeten worden zu sein, ein natürliches, manchmal unvermeidliches Geschick, aber trächtig mit Schmerzen«. Bleib stumm, rät die Erzählerin, »nimm die Dinge hin, wie sie sind . . . Du strecktest die Hand nach einem Ei aus, und das Schicksal legte dir einen Skorpion hinein. Zeig keine Bestürzung, schließ die Finger fest um die Gabe; laß sie durch die Hand stechen.« Und wenn du über dieser Probe nicht gestorben bist, wirst du stärker, klüger und weniger empfindsam den Rest deines Lebens meistern.

Charlotte mied den Skorpion nach Kräften. Als Bestseller-Autorin lernte sie eine Reihe anregender Männer kennen – Thackeray und Lewes, den Maler Richmond und die Herren des Verlags Smith & Elder. Da ist W. S. Williams, der Cheflektor, der ihr Bücherpakete ins einsame Haworth schickt und ihr brieflich beisteht, als ihr Bruder und ihre Schwestern sterben. Da ist James Taylor mit seiner »unerbittlichen, schrecklichen Nase mitten im Gesicht«, der um sie anhält, ihr aber doch mehr Furcht als Respekt einflößt, und da ist schließlich der

Verleger George Smith selbst, der sie unter ihrem Pseudonym Currer Bell zur literarischen Berühmtheit macht und sie in die Londoner Gesellschaft einführt. In *Villette* porträtiert sie ihn als Dr. Graham Bretton, den die Heldin Lucy Snowe (wiederum eine nebelgraue Dame mit Namen Schnee) mit beunruhigend taxierenden Augen betrachtet, ehe sie sich in ihn verliebt: »Graham war hübsch, er hatte schöne Augen . . .«

Smith war leicht pikiert von ihrer Unverblümtheit, aber an einem besonders stickigen Londoner Septembertag, als alle Welt an der See und nur der fleißige George im Verlag war, muß er nahe daran gewesen sein, sich Charlotte zu erklären. Sie zögert mit ihrer Antwort. Es ist wunderbar belebend, Smith zu besuchen, mit ihm in die Oper zu gehen und unter dem Decknamen Mr. und Miss Fraser einen Phrenologen zu konsultieren, der ihre Schädel vermißt, um ihre Charaktere zu deuten. Aber heiraten? »Ich bin zufrieden, ihn als Freund zu haben«, schreibt sie, »und gebe Gott mir den gesunden Menschenverstand, einen, der so jung, so aufstrebend, so hoffnungsfroh ist, in keinem anderen Licht zu sehen.« Smith ist acht Jahre jünger, ein erfreulich anzusehender

Mann mit einem wachen Geschäftssinn und literarischem Gespür, intelligent und voll guter Lebensgeister – während Charlotte Brontë noch immer beklagenswert schüchtern und provinziell, kränklich, ohne Charme und Eleganz ist, vollkommen »unlondonerisch«, wie eine kecke junge Dame bemerkt. »Ich bin nicht aus Stein«, sagt Charlotte, als sie schweren Herzens eine Reise zum Rhein mit der Familie Smith absagt, »was ihm nur Anregung bedeutet, ist für mich Fieber.« Sie entscheidet, daß sie nicht zusammen passen.

Als sie mit Smith das Ende ihres Romans *Villette* bespricht, erklärt sie ihm indirekt die Gründe: »Lucy darf Dr. John (Graham) nicht heiraten. Er ist viel zu jung und zu schön, zu geistvoll, feurig und liebenswürdig; er ist ein Glückskind ... und muß einen Preis in der Lotterie des Lebens gewinnen. Seine Frau muß jung, reich und hübsch sein ... Wenn Lucy jemanden heiratet, muß es der Professor sein – ein Mann, dem es viel zu vergeben gilt, der viel zu dulden aufgibt.«

Der Mann, den Charlotte schließlich zum Gatten nimmt, läßt nach all den aufgeschlossenen, interessanten Männern, die sie schätzt, sehr zu wünschen übrig. Arthur Bell Nicholls, der Kurat ihres Vaters, ein rigider, stock-trockener Mann mit einem Pferdegesicht, ist das Ende einer langen Reise vom Traum in den Tag, die die Vierzehnjährige mit dem unwiderstehlichen Zamorna begonnen hatte, für dessen rauschhafte Affairen seine Geliebten den Preis der Schande zu zahlen bereit waren. Nun ist sie siebenunddreißig, und die Vorstellung, ihre Tage allein mit ihrem alten, starrsinnigen Vater verbringen zu müssen, macht ihr das Herz schwer. Mr. Nicholls ist die letzte Wahl, aber er hat einen großen Vorzug: er liebt Charlotte seit vielen Jahren und mit leidenschaftlicher Beharrlichkeit. Und die energische Hand, die sie im Grunde ersehnt, hat er in der trivialen Form des eifersüchtigen Pedanten ebenfalls zu bieten: »Vater«, sagt sie zu dem alten Brontë, »ich bin kein junges Mädchen mehr, nicht einmal mehr eine junge Frau, ich war nie hübsch, nun bin ich häßlich. Glaubst du, es gäbe noch viele Männer, die sieben Jahre für mich dienen werden?« Der Reverend versucht mit allen Mitteln, diese Verbindung zu vereiteln, aber Charlotte beschließt, »daß seine Liebe zu gut ist, um von einer, die so einsam ist wie sie, verworfen zu werden«.

Sie heiraten im Juni 1854. Ihre Gemeinsamkeit dauert neun Monate, und Nicholls, der liebeskrank dahingewelkt war, wird rund und dick. Auch Charlotte scheint die Ehe gut zu bekommen, obwohl der »liebe Arthur« ihre Zeit nun ständig in Anspruch nimmt. Sie ist innerhalb kurzer Zeit ihre ständigen kleinen Krankheiten los; sie beginnt einen neuen Roman – Arthur stöhnt –, und im Winter fühlt sie sich schwanger. Im Januar darauf befällt die Tuberkulose, an der bereits ihre Geschwister gestorben sind, die letzte der taubengrauen Schwestern. Als sie Nicholls an ihrem Bett beten sieht, sagt sie: »Ich werde doch nicht sterben, oder? Wir waren so glücklich zusammen.«

INHALT

Zu dieser Ausgabe

insel taschenbuch 1249
Charlotte Brontë
Über die Liebe

Der Text folgt der Ausgabe: Charlotte Brontë, Über die Liebe. Herausgegeben von Elsemarie Maletzke. Übertragen von Eva Groepler und Hans J. Schütz. © Frankfurter Verlagsanstalt, Frankfurt am Main 1988.

Die Briefe an Constantin Heger wurden dem Band *The Love Letters of Charlotte Brontë to Constantin Heger* (London: Printed for Private Circulation only, 1914) entnommen; die Übersetzung aus dem Französischen besorgte Eva Groepler.

Die Briefe an Henry Nussey und Ellen Nussey finden sich in dem Band *The Brontës and their Circle* von Clement Shorter (E. P. Dutton & Comp., New York; Kraus Reprint, New York 1970). Der Brief an George Smith wurde in den *Transactions* der Brontë Society 1977 veröffentlicht. Die Übersetzung der im Original englischen Briefe besorgte Hans J. Schütz.

Frontispiz: Portrait von Charlotte Brontë. Von George Richmond, 1850. National Portrait Gallery, London. Umschlagabbildung: Eugène Grasset: Junge Frau in einem Garten (Ausschnitt). Musée des Arts décoratifs, Paris.

Englische und amerikanische Literatur
im insel taschenbuch

153/1/6.89

Englische und amerikanische Literatur
im insel taschenbuch

Englische und amerikanische Literatur
im insel taschenbuch

Englische und amerikanische Literatur
im insel taschenbuch

153/4/6.89

Englische und amerikanische Literatur
im insel taschenbuch

153/5/6.89

Englische und amerikanische Literatur
im insel taschenbuch

Französische Literatur
im insel taschenbuch

Französische Literatur
im insel taschenbuch

152/2/6.89

Französische Literatur
im insel taschenbuch

152/3/6.89

Französische Literatur
im insel taschenbuch